BEI GRIN MACHT SICH IHR WISSEN BEZAHLT

Bibliografische Information der Deutschen Nationalbibliothek:

Die Deutsche Bibliothek verzeichnet diese Publikation in der Deutschen National-bibliografie; detaillierte bibliografische Daten sind im Internet über http://dnb.d-nb.de/ abrufbar.

Dieses Werk sowie alle darin enthaltenen einzelnen Beiträge und Abbildungen sind urheberrechtlich geschützt. Jede Verwertung, die nicht ausdrücklich vom Urheberrechtsschutz zugelassen ist, bedarf der vorherigen Zustimmung des Verla-ges. Das gilt insbesondere für Vervielfältigungen, Bearbeitungen, Übersetzungen, Mikroverfilmungen, Auswertungen durch Datenbanken und für die Einspeicherung und Verarbeitung in elektronische Systeme. Alle Rechte, auch die des auszugsweisen Nachdrucks, der fotomechanischen Wiedergabe (einschließlich Mikrokopie) sowie der Auswertung durch Datenbanken oder ähnliche Einrichtungen, vorbehalten.

Impressum:

Copyright © 2018 GRIN Verlag
Druck und Bindung: Books on Demand GmbH, Norderstedt Germany
ISBN: 9783668794566

Doreen Simon

Selbstbewusstsein und Anerkennung. Eine Analyse intra- sowie intersubjektiver Verhältnisse des Anerkennens

GRIN Verlag

GRIN - Your knowledge has value

Der GRIN Verlag publiziert seit 1998 wissenschaftliche Arbeiten von Studenten, Hochschullehrern und anderen Akademikern als eBook und gedrucktes Buch. Die Verlagswebsite www.grin.com ist die ideale Plattform zur Veröffentlichung von Hausarbeiten, Abschlussarbeiten, wissenschaftlichen Aufsätzen, Dissertationen und Fachbüchern.

Besuchen Sie uns im Internet:

http://www.grin.com/

http://www.facebook.com/grincom

http://www.twitter.com/grin_com

Wintersemester 2017/18

Projektarbeit

Simon, Doreen

Studiengang:	Master Philosophie,
	1. Fachsemester
Modul:	Praktische Philosophie
Seminar:	Kampf um Anerkennung

Titel:	Selbstbewusstsein und Anerkennung -
	Eine Analyse intra- sowie
	intersubjektiver Verhältnisse
	des Anerkennens

Inhaltsverzeichnis

Einleitung

In dieser Projektarbeit, wird das Verhältnis von Selbstbewusstsein und Anerkennung untersucht und es werden dafür Werke der Philosophen G.W.F. Hegel, Axel Honneth, Pirmin Stekeler-Weithofer sowie Charles Taylor verwendet. Zu Beginn sollen zunächst übersichtsartig die wichtigsten Aspekte bezüglich Hegels Definition des Begriffes des Selbstbewusstseins aufgeführt werden. Das beinhaltet eine Unterscheidung des Selbstbewusstseins in ein Besonderes und Allgemeines. Hierbei kommt es ebenso darauf an, herauszufinden, wie Hegel Selbstbewusstsein und Anerkennung begrifflich miteinander in Verbindung bringt. Zum Zwecke einer umfassenderen Erklärung fließen dabei Perspektiven Stekeler-Weithofers und Taylors mit ein. Diese begriffliche Auseinandersetzung erfolgt vor dem Hintergrund, dass dadurch vorab der Begriff des Selbstbewusstseins nachvollzogen, geklärt werden soll, um in den sich anschließenden Kapiteln an geeigneter Stelle darauf Bezug nehmen bzw. daran anknüpfen zu können.

Im weiteren Verlauf dieser Arbeit scheint meines Erachtens ein Vergleich sinnvoll zu sein, weil hinsichtlich Hegels Ausführungen über Anerkennungsverhältnisse, im Kapitel über Herrschaft und Knechtschaft in der *„Phänomenologie des Geistes"*, verschiedene Lesarten existieren. Es gibt diesbezüglich einerseits die von Stekeler-Weithofer bevorzugte intrasubjektive sowie die von Honneth vertretene intersubjektive Lesart. Was genau unter intrasubjektiver Anerkennung zu verstehen ist, welche Bedingungen zu deren Realisierung gegeben sein müssen, des Weiteren, was eine Verwirklichung intrasubjektiver Anerkennung verhindert, und inwiefern Selbstbetrug hierbei unter bestimmten Umständen möglich ist, wird im zweiten Kapitel mit Hilfe von Stekeler-Weithofers *„Philosophie des Selbstbewusstseins. Hegels System als Formanalyse von Wissen und Autonomie"* dargestellt. Am Ende dieses Abschnittes soll klar werden, was Hegels Begriffe *Herr* und *Knecht* sowie *Kampf um Anerkennung*, bezogen auf intrapersonale/ intrasubjektive Anerkennung, gemäß Stekeler-Weithofer bedeuten. Daran anschließend enthält das nächste bzw. dritte Kapitel, wie bereits angekündigt, die Darstellung einer anderen Auffassung von Hegels Herrschafts-

und Knechtschafts-Kapitel, mit Fokus auf den Begriff der Anerkennung. Das heißt genauer formuliert, dass in diesem Teil der Hausarbeit die Untersuchung einer intersubjektiven Sichtweise, welche sich auf Anerkennungsverhältnisse bezieht, stattfindet. Dies geschieht angelehnt an Honneths „Kampf um Anerkennung. Zur moralischen Grammatik sozialer Konflikte". Vorerst wird jedoch Honneths Verständnis/ Definition intersubjektiven Anerkennens geklärt, um außerdem aufzuzeigen, inwiefern er intersubjektives Anerkennen als Voraussetzung für die Entwicklung von Selbstbewusstsein erachtet.

Wenn intersubjektives Anerkennen bzw. Anerkennung durch Mitmenschen die Entwicklung des Selbstbewusstseins eines Menschen beeinflusst, ergibt sich die drängende Frage, ob und wie sich nach Honneth ein Wandel gesellschaftlicher Werte darauf auswirkt, was von Menschen anerkannt wird und wie sich unter diesen Umständen das Selbstbewusstsein eines Menschen entwickelt. Eine mögliche, sich aus Honneths Sicht daraus ergebende Gefahr wird allerdings nur kurz erwähnt, weil ausführliche Erklärungen dazu sonst zu weit vom eigentlichen Thema der Hausarbeit wegführen würden.

Im letzten Kapitel soll unter Bezugnahme auf die bisher erwähnten Philosophen verdeutlicht werden, welchen Zweck Anerkennung hat, sei sie nun intra- oder intersubjektiv. Hierbei ist mir wichtig, dafür zu argumentieren, dass intra- sowie intersubjektive Anerkennung für die Möglichkeit einer weitestgehend autonomen bzw. freien Lebensführung eines Menschen wichtig ist.

Abschließend werden markante Positionen in zusammenfassender Weise kritisch reflektiert und argumentative Ergebnisse dieser Projektarbeit hervorgehoben. Des Weiteren möchte ich darauf hinweisen, dass das Ziel meiner Arbeit darin besteht, überblicksartig das Wesentliche des dieser Hausarbeit zu Grunde liegenden Themas zu erfassen sowie möglichst nachvollziehbar darzulegen.

1. Definition des Begriffes des Selbstbewusstseins

Selbstbewusstsein zu haben heißt nach Hegel ganz allgemein ausgedrückt, dass ein Mensch während der Betrachtung eines Gegenstandes weiß, dass er von diesem Gegenstand nur das sieht, was er über ihn weiß/ sich über diesen vorstellt. Hegel drückt dies sinngemäß so aus, dass der Betrachter eines Gegenstandes diesen als den seinigen weiß und sich darin sieht.[1] Sich im Gegenstand oder in was auch immer gerade betrachtet wird zu sehen, ist gemäß Hegel so verstehbar, dass bei der Betrachtung von etwas der aktuelle Stand des eigenen Wissens im Gegenstand der Betrachtung widergespiegelt wird.

Ein Mensch kann demzufolge nur insoweit einen Gegenstand und auch sich selbst begreifen, inwieweit er Wissen über sich und die ihn umgebende Welt hat. Wenn dieses Wissen noch mangelhaft oder je nach Gegenstand der Betrachtung nicht vorhanden ist, hat dieser Mensch eine lediglich abstrakte bzw. sehr ungenaue Vorstellung von der Welt und auch von sich selbst, als Teil dieser Welt. Ein auf diese Weise verfasstes Selbstbewusstsein nennt Hegel ein Einzelnes/ Besonderes, einzeln bzw. besonders im Sinne von noch nicht oder unzureichend mit allgemein gültigem Wissen über die Welt angereichert.[2] Abstraktes Wissen eines Menschen wird demnach erst durch Vermittlung von weiterem Wissen zu allgemein gültigem Wissen, welches durch zunehmende Erfahrung mit der Welt gewonnen wird.

Wenn ein Mensch mit abstraktem, besonderem Selbstbewusstsein allgemein gültiges Wissen erwirbt, ergibt sich die Frage, welchen Einfluss das auf seine Wahrnehmung von sich sowie der ihn umgebenden Welt und daraus folgend auf die Entwicklung von dessen noch abstraktem sowie besonderem Selbstbewusstsein hat und ob sich dieses dann zu einem allgemeinen Selbstbewusstsein hin entwickelt, jenes Selbstbewusstsein dann sowohl besonders als auch allgemein verfasst ist.

Damit ein Mensch überhaupt dazu imstande ist, allgemein verfasstes Selbstbewusstsein auszubilden, muss dieser am gesellschaftlichen Leben, somit an

---

[1] Vgl. G.W.F. Hegel, Enzyklopädie der philosophischen Wissenschaften III, § 424.
[2] Ebd., Zusatz der §§ 424, 425.

gemeinsamer Kultur teilnehmen, weil ihm in einer Gesellschaft von deren Mitgliedern allgemein gültiges Wissen vermittelt wird.[3] Das meint Hegel, wenn er vom Aufheben ins Allgemeine schreibt bzw. davon, Erfahrungen mit der Welt/ dem eigenen Lebensraum zu machen.

Um jedoch allgemein gültiges Wissen aufzunehmen und Erfahrungen zu machen ist nach Hegel Bewusstsein erforderlich. Bewusstsein ist dasjenige, wodurch Menschen überhaupt in die Lage versetzt werden, etwas wahrzunehmen, Erfahrungen zu machen.[4] Wenn Menschen allgemein gültiges Wissen aufnehmen bzw. Erfahrung über ihre Welt sammeln, entwickelt sich deren Bewusstsein gemäß Hegel weiter.[5]

Die Entwicklung des Bewusstseins befördert wiederum die Bildung eines allgemein verfassten Selbstbewusstseins[6], was nach Hegel Wissen von sich und der Welt zu haben bedeutet. Etwas über sich und die Welt in Erfahrung zu bringen/ zu wissen erfordert zuvor das Begehren zu leben. Zu leben ist Hegel zufolge in der Regel etwas, was von Menschen begehrt wird.[7] Und erst wenn von einem Menschen zu leben begehrt wird, wird dieser logischerweise Interesse daran haben, etwas über seinen Lebensraum erfahren zu wollen, somit allgemeines Selbstbewusstsein ausbilden. Damit dürfte verständlich sein, warum Hegel die Begierde als erste Stufe der Entwicklung eines erst abstrakten Selbstbewusstseins bezeichnet.[8]

Etwas über die Welt zu lernen erfordert außerdem, sich auf etwas zu beziehen und darüber zu reflektieren. Allgemeines Selbstbewusstsein entsteht demnach, wie Hegel bemerkt, ebenfalls aufgrund von Reflektieren/ darüber Nachdenken über sich und das in der Welt Vorhandene. Doch bevor dieses Reflektieren möglich ist, muss ein Mensch von anderen Menschen sowie durch Beobachtung seines Lebensraumes lernen/ Wissen erwerben, das wie schon erwähnt, Hegel als Aufheben ins Allgemeine bezeichnet. Erst dann ist es sinnvoll, über sich und die

---

[3]Vgl. G.W.F. Hegel, Phänomenologie des Geistes, S. 142.
[4]Ebd., S. 138.
[5]Ebd., S. 137.
[6]Ebd., S. 145.
[7]Ebd., S. S. 144.
[8]Vgl. G.W.F. Hegel, Enzyklopädie der philosophischen Wissenschaften III, Zusatz zu § 426.

Welt nachzudenken bzw., wie Hegel dies beschreibt, aus dem Anderssein/ dem Allgemeinen zurückzukehren/ zu reflektieren.[9]

Jene Bewegung/ jener Entwicklungsprozess vom Besonderen, abstrakten Selbstbewusstsein, durch soziale/ gesellschaftliche Vermittlung hin zum Allgemeinen, zur Erlangung eines allgemeinen Selbstbewusstseins, und dem darüber reflektieren hat, wie schon aus den Erklärungen über das allgemeine Selbstbewusstsein klar sein dürfte, nach Hegel Wissen über sich selbst zur Folge. Doch was meint Hegel mit Wissen über sich selbst? Er bezeichnet jenes Wissen als Selbstwissen und definiert dieses als Wissen darüber, was wirklich von einem Menschen gilt. Dessen Gültigkeit hängt aber von der Bestätigung anderer Menschen ab.[10] Es sind demzufolge nur diejenigen Aussagen über einen Menschen wahr, welche von anderen Menschen als wahr anerkannt, bestätigt wurden. Ohne diese Anerkennung kann sich ein Mensch über das, wie er sich selbst definiert, nur gewiss sein, was Hegel bloße Selbstgewissheit nennt, welche erst aufgrund von Anerkennung eines Menschen seitens anderer, als das was und wie er ist, zum Selbstwissen wird.[11]

Eine andere Betrachtungsweise von Hegels Ausführungen darüber wäre, dass der Einzelne, jedes Mal wenn er etwas in seinem Lebensraum betrachtet, selbst für sich überprüft und feststellt, ob dessen Ansichten hinsichtlich seines Lebensraumes, über deren Geltung er sich erstmal nur gewiss ist, auf die Realität bzw. auf den Gegenstand seiner Betrachtung zutreffen. Falls dies so sein sollte, wird seine bloße Selbstgewissheit zum Selbstwissen. Er sieht dann sein Wissen im betrachteten Gegenstand als wahr/ gültig. Der Einzelne sieht sich Hegel zufolge hierbei im Anderen.[12] Das aufgrund von Empirie gewonnene Wissen führt dazu, allgemeingültiges/ allgemein anerkanntes Wissen zu erhalten und damit ein allgemein verfasstes Selbstbewusstsein auszubilden.

Wie bisher nur abstrakt zum Ausdruck kam, aber noch nicht explizit benannt und erläutert wurde, unterscheidet Hegel beim Selbstbewusstsein zwischen Selbst- und

---

[9]Vgl. G.W.F. Hegel, Phänomenologie des Geistes, S. 138, 142.
[10]Ebd., S. 143.
[11]Ebd., S. 145.
[12]Ebd., S. 145.

Fremdwahrnehmung, welche sozusagen Bestandteile vom Selbstbewusstsein sind, womit verständlich wird, warum Hegel von einem doppelten Gegenstand der Wahrnehmung ausgeht.[13] Selbstwahrnehmung bezieht sich auf den Einzelnen, der sich selbst wahrnimmt und Fremdwahrnehmung auf das von einem Menschen wahrgenommene Andere, das nicht der Einzelne ist. Hegel spricht aus diesem Grund letzterem einen „[...] Charakter des Negativen [...]"[14] zu. Dadurch, dass das Selbstbewusstsein eines Menschen von Selbst- und Fremdwahrnehmung beeinflusst wird, diese im Selbstbewusstsein eine Einheit bilden und das Selbstbewusstsein als Synthese von beiden zu verstehen ist, wird vorbenannter doppelter Gegenstand im Selbstbewusstsein aufgehoben[15] bzw. integriert. Als Grund dafür führt Hegel den Verstand an, durch welchen Selbst- sowie Fremdwahrnehmung im Selbstbewusstsein geeint werden.[16] Hegels Begründung hierfür ist gut nachvollziehbar, weil ein Mensch keinen Verstand außer dem eigenen hat, mit welchem er das Wahrgenommene, sei es sich selbst oder etwas außer ihm, verarbeitet/ reflektiert. Aufgrund von Reflexion mittels des Verstandes bilden demnach die verschiedenen Gegenstände der Betrachtung eine Einheit im Selbstbewusstsein, welche, wie eben erläutert wurde, gleichzeitig zu den Kategorien Selbst- und Fremdwahrnehmung zuteilbar sind.

Jene Einheit von Selbst- sowie Fremdwahrnehmung kommt im Selbstbewusstsein eines Menschen gemäß Hegel aber nur zustande, indem dieser einiges von dem, was er wahrnimmt, nachvollziehen kann und als gültig, seiend anerkennt.[17] Hierbei findet also die Anerkennung des Anderen bzw. des Allgemeinen seitens des Einzelnen/ Besonderen, eines Menschen, statt.[18]

Charles Taylor meint dazu und sich dabei auf Hegel beziehend, dass ein Mensch das Allgemeine/ das Andere erst als nichts Anderes sondern als Einheit mit ihm betrachtet, sobald sich dieser Mensch als aus seiner ihn umgebenden Welt hervorgegangen erachtet und, so dies geschieht, außerdem damit anerkennt, von

[13]Vgl. G.W.F. Hegel, Phänomenologie des Geistes, S. 139.
[14]G.W.F. Hegel, Phänomenologie des Geistes, S. 139.
[15]Vgl. G.W.F. Hegel, Enzyklopädie der philosophischen Wissenschaften III, Zusatz zu § 425.
[16]Vgl. G.W.F. Hegel, Phänomenologie des Geistes, S. 139, 145.
[17]Ebd., S. 145, 146.
[18]Vgl. G.W.F. Hegel, Enzyklopädie der philosophischen Wissenschaften III, Zusatz zu § 425.

den in dieser Welt enthaltenen Umständen, Geisteshaltungen geprägt worden zu sein [19], woraus geschlossen werden kann, dass die Art der Verfasstheit des Allgemeinen des Selbstbewusstseins eines Menschen ebenfalls von der Beschaffenheit seines Lebensraumes sowie der darin vorherrschenden Geisteshaltungen abhängt.

Solange ein Mensch, Taylor´s weiteren Ausführungen zufolge, jenes Hervorgehen sowie jene Abhängigkeit nicht begreift, sich nicht mit Hilfe von Bildung genug Orientierung verschafft, um dies zu verstehen und sich mit dem Anderen/ dem Allgemeinen als Einheit zu fühlen und zu erachten, wird sich jener Mensch in Folge dessen als im Anderen/ Allgemeinen nicht integriert, als von diesem isoliert und dadurch wiederum Frustration empfinden.[20] Dies verdeutlicht umso mehr die Wichtigkeit der Fremdwahrnehmung und Reflexion des Anderen für die Ausbildung des Selbstbewusstseins eines Menschen.

Fremdwahrnehmung als Bestandteil des Selbstbewusstseins eines Menschen zu betrachten führt zu der Annahme, dass für die Ausbildung dessen Selbstbewusstseins Fremdwahrnehmung zwingend erforderlich sein muss. Hegel bekräftigt diese Annahme, weil es seiner Ansicht nach einem Menschen sonst nicht möglich ist, Erfahrungen zu sammeln und sich weiterzuentwickeln, wenn dieser nur sich selbst wahrnehmen[21], somit auch ungebildet bleiben würde und damit aufgrund mangelnder Orientierungsfähigkeit nur bedingt Möglichkeiten hätte, sich in seinem Leben zu entfalten. Ausreichend Orientierung zur Entwicklung des erst abstrakten Selbstbewusstseins eines Menschen hin zu einem allgemeinen ist demnach ohne Fremdwahrnehmung, Reflexion des Anderen nicht möglich.

Ohne das Andere zu reflektieren, die äußeren Umstände wahrzunehmen und demzufolge nichts zu lernen, würden erschwerenderweise dem Einzelnen diesbezüglich die dazugehörigen Begriffe und Anschauungen fehlen, was nach Hegel nachvollziehbarerweise sowie ausgehend von den bisherigen Darstellungen unvernünftig ist. Vernünftig ist es nach Hegel, als Mensch sowohl Begriffe als auch

---

[19]Vgl. Charles Taylor, Hegel, S. 204.
[20]Ebd., S. 204.
[21]Vgl. G.W.F. Hegel, Phänomenologie des Geistes, S. 143.

die jeweils dazugehörige Anschauung zu haben. Nur so kann ein Mensch mit abstraktem Selbstbewusstsein ein allgemeines Selbstbewusstsein entwickeln und es erscheint somit meines Erachtens verständlich, warum Hegel Vernunft als die Allgemeinheit des Selbstbewusstseins bezeichnet.[22] Denn die Definition dessen, um dies mal weiterzuführen, was als vernünftig gelten soll ist, nach Stekeler-Weithofers Auffassung von Hegels Erklärungen darüber, davon abhängig, was allgemein/ in der Regel, gemeinsam von den Menschen eines Kulturkreises als vernünftiges Urteilen sowie vernünftiges miteinander Umgehen anerkannt wird.[23]

2. Intrasubjektives Anerkennen

2. 1 Definition und Bedingungen intrasubjektiven Anerkennens

Je nach dem, von welchem Kulturkreis ein Mensch also geprägt wurde, aufgrund dessen sein Selbstbewusstseins auf diese oder jene Weise geworden ist[24], demgemäß sind, wie Stekeler-Weithofer behauptet, dessen Denkweisen, Perspektiven auf die ihn umgebende Lebenswelt und Wollen bzw. Absichten. Ein Mensch wird also nur dasjenige in seinem Leben umsetzen wollen, was er aufgrund seiner Prägung als für sich richtig anerkannt hat.[25] Aber wonach richtet sich eigentlich, was vom Einzelnen anerkannt und anschließend auf eine bestimmte Weise getan wird? Mit Hilfe von Stekeler-Weithofers Lesart wird nun im Folgenden nachvollzogen, wie Hegel dies erklärt. Stekeler-Weithofer bezieht sich hierfür auf Hegels Allegorie vom Herrn und Knecht bzw. von der Herrschaft und Knechtschaft, um dies anhand der Beziehung eines Menschen zu sich selbst bzw. ausgehend von dessen intrapersonaler/-subjektiver Selbstbeziehung[26] darstellen zu können.

---

[22]Vgl. G.W.F. Hegel, Enzyklopädie der philosophischen Wissenschaften III, § 437.
[23]Vgl. Pirmin Stekeler-Weithofer, Philosophie des Selbstbewusstseins, S. 39.
[24]Ebd., S. 10.
[25]Vgl. Pirmin Stekeler-Weithofer, Philosophie des Selbstbewusstseins, S. 411.
[26]Ebd., S. 414.

Vorerst muss jedoch geklärt werden, was intrasubjektive Anerkennung im Kontext zu Hegels Begriff des Herrn und Knechts überhaupt nach Stekeler-Weithofer bedeutet. Bei der intrasubjektiven/-personalen Anerkennung geht es darum, was bei dem Setzen von Zwecken/ Absichten je nach aktueller Beschaffenheit des Willens des jeweiligen Menschen als ausschlaggebend, richtungsweisend gelten soll, entweder der Herr oder der Knecht. Stekeler-Weithofer deutet den Herrn als die Geistseele, das Bewusstsein, das Denken bzw. rationale Überlegen, und den Knecht als den Leib eines Menschen, inklusive dazugehöriger Begierden/ Leidenschaften.[27]

Herr und Knecht bzw. ein reflektierendes Ich und ein unreflektiertes, Begierde geleitetes Ich stehen sich hier sozusagen gegenüber. Sowohl der Herr als auch der Knecht bzw. beide Ich's sind nach Stekeler-Weithofer Momente des Selbstbewusstseins, welche, allegorisch ausgedrückt, um die Geltung/ Anerkennung ihrer jeweiligen Absichten kämpfen. Hiermit kommt auch zum Ausdruck, dass beide Momente des Selbstbewusstseins, das reflektierende und nicht reflektierende Ich, aufgrund dieses intrapersonalen Kampfes um Anerkennung/ intrasubjektiven Konflikts um ihr Überleben ringen müssen.[28] Ein Mensch befindet sich demnach in einem inneren Konflikt mit sich selbst, das heißt, er ist zwischen vernünftigen und Begierde geleiteten Absichten hin- und hergerissen.

Es könnte an dieser Stelle argumentiert werden, dass vernünftigerweise das reflektierende Ich über das nicht reflektierende Ich herrschen bzw. dass das Denken den lediglich körperlichen Begierden und sonstigen Leidenschaften übergeordnet sein sollte, auch um diesen inneren Konflikt zu vermeiden. Aber Stekeler-Weithofer erklärt hierzu, sich dabei auf Hegel beziehend, dass der Körper als vermeintlicher Knecht und somit als Ausführender der Absichten des Herrn/ reflektierenden Ich's zwar untergeordnet ist[29], aber mit Hegel zeigt Stekeler-Weithofer auf, dass der Knecht/ Leib als derjenige, von welchem letztlich die

---

[27]Ebd., S. 414.
[28]Ebd., S. 415.
[29]Vgl. Pirmin Stekeler-Weithofer, Philosophie des Selbstbewusstseins, S. 13, 416.

Ausführung von Absichten, entweder bloßer Begierden oder des Willens des reflektierenden Ich's/ des Herrn, abhängt, der eigentliche Herr ist. Deswegen erscheint obige Allegorie widersprüchlich, weil der Knecht gleichzeitig auch Herr ist, in eben beschriebener Weise.[30] Daraus ergibt sich, dass der Körper eines Menschen als Ausführender einer Absicht, sei sie reflektiert oder unreflektiert, jenen Kampf um Anerkennung immer gewinnt, denn letzten Endes *„[...] entscheidet ja 'mein Leib', was wirklich getan wird."*[31]

Aufgrund körperlicher Begierden/ Leidenschaften mag zwar ein Mensch entscheiden, welche Absicht anerkannt wird, aber hierbei darf die Prägung des Selbstbewusstseins eines Menschen nicht weggedacht werden. Denn jene Prägung beeinflusst den inneren Konflikt um Anerkennung entweder reflektierter oder Begierde geleiteter Absichten. Und, wie schon ausgiebig erklärt wurde, die Prägung des Selbstbewusstseins eines Menschen ist von dessen ihn umgebenden Kulturkreis abhängig. Somit hat der Kulturkreis eines Menschen erheblichen Einfluss auf dessen Denkinhalte, seine Art zu denken und zu handeln[32], damit auch darauf, was bei dessen Prozess der Entscheidung/ dessen Prozess oder Kampf um Anerkennung für diese oder jene Absichten/ Zwecke richtungsweisend sein soll.

Mit den bisherigen Ausführungen dürfte mit Hilfe von Stekeler-Weithofers Lesart ausgiebig nachgewiesen sein, dass es sich bezüglich Hegels Gleichnis vom Herrn und Knecht und dessen Kampf um Anerkennung nicht um verschiedene Menschen handelt, welche sich um die Geltung der jeweils ihrigen Absicht streiten, auch wenn Hegels Ausführungen hierüber dies vermuten lassen,weil er das Wort Bewusstsein im Plural gebraucht.[33] Stekeler-Weithofer zeigt ganz deutlich, dass es Hegel stattdessen darum geht, zu einem *„rechten Verständnis der Beziehung von mir als Selbstbewusstsein zu mir in meinem Leib(en) und Leben zu gelangen."*[34]

Dafür gilt es nach Stekeler-Weithofer, den Fokus der Betrachtung auf die Art und Weise des Urteilens, des Handelns und der verwirklichten Absichten zu legen.[35]

---

[30]Ebd., S. 417.
[31]Pirmin Stekeler-Weithofer, Philosophie des Selbstbewusstseins, S. 417.
[32]Vgl. Pirmin Stekeler-Weithofer, Philosophie des Selbstbewusstseins, S. 417.
[33]Vgl. Pirmin Stekeler-Weithofer, Philosophie des Selbstbewusstseins, S. 13.
[34]Pirmin Stekeler-Weithofer, Philosophie des Selbstbewusstseins, S. 418.
[35]Vgl. Pirmin Stekeler-Weithofer, Philosophie des Selbstbewusstseins, S. 418.

Die Form des Urteilens wurde in den bisherigen Erklärungen über das Selbstbewusstsein versucht zu skizzieren. Im Folgenden geht es um die Form des Handelns, genauer gesagt darum, inwiefern eine Absicht als anerkannt gilt.

2.2 Anerkennung einer Absicht durch den Einzelnen

Als anerkannt gilt eine Absicht, gemäß Stekeler-Weithofers weiteren Ausführungen, wenn diese willentlich vom Einzelnen realisiert bzw. umgesetzt werden soll. [36] Die aufgrund von eigenem Wissen und Wollen tatsächliche Verwirklichung einer Absicht durch einen Menschen, genauer formuliert, durch das Handeln dessen Leibes/ des Knechts, bezeichnet Stekeler-Weithofer im hegelschen Sinne als Arbeit. Zum Begriff der Arbeit, per hegelscher Definition, gehören ebenfalls die von einem Menschen in seinem Kulturkreis/ Lebensumfeld erlernten Handlungsschemata, welche vom Einzelnen jedes Mal dann zur Anwendung kommen und dadurch von ihm anerkannt sowie aktualisiert werden, sobald er die entsprechende, zur Verwirklichung einer bestimmten Absicht passende Handlungsanleitung gebraucht. [37] Und je nachdem, wessen Absicht verwirklicht wird, ob diejenige des Herrn/ reflektierten Ich's oder jene des Knechts/ Leibes/ unreflektierten Ich's, gelten entweder die Absichten des ersteren oder letzteren als anerkannt.[38]

2.3 Leere bzw. nicht anerkannte Absicht

Absichten gelten jedoch als nicht anerkannt, wenn sie logischerweise nicht realisiert werden und damit ohne äußere Anschauung im Handeln, also leer bleiben. Eine nicht anerkannte bzw. leere Absicht bleibt demnach ein nur theoretischer Entschluss/ Beschluss vom Einzelnen. Dies ist nach Stekeler-Weithofer eine lediglich verbale und damit mangels Verwirklichung abstrakte Anerkennung.[39] Ein

---

[36]Ebd., S. 13, 414, 415.
[37]Vgl. Pirmin Stekeler-Weithofer, Philosophie des Selbstbewusstseins, S. 415.
[38]Ebd., S. 416.
[39]Ebd., S. 415.

Mensch kann daraus folgend noch so sehr wollen, etwas zu tun. Wenn er aber beim bloßen Wunsch stehen bleibt, oder der Realisierung jenes Wunsches/ jener Absicht etwas entgegensteht, seien es leibliche Neigungen oder anderweitige Hinderungsgründe, dann ist jene Absicht leer und nicht wirklich, sondern nur theoretisch anerkannt und gilt in der Tat als vom Einzelnen annulliert[40], weil sie von diesem sonst umgesetzt worden wäre.

2.4   Gefahr des Selbstbetrugs

Es gilt in diesem Kapitel zu untersuchen, wo die Gefahr bestehen könnte, dass ein Mensch gewisse Absichten, reflektierte oder unreflektierte, als sein sollend anerkennt, zu verwirklichen gedenkt, welche er nicht gewollt und realisiert hätte, wenn ihm bestimmte weitere Aspekte und Konsequenzen jener entsprechenden Absichten und deren Folgen bewusst gewesen wären, welche ihm trotz eventueller Reflexion nicht einfielen. Demnach kann es nach Stekeler-Weithofer vorkommen, dass ein Mensch etwas nicht sieht oder bedenkt, was aber hätte gesehen oder bedacht werden sollen. Aber wie kann so etwas überhaupt geschehen. Im hegelschen Sinne erläutert Stekeler-Weithofer, wie außerdem teilweise auch den Ausführungen über den Begriff des Selbstbewusstseins nach Hegel zu entnehmen ist, dass dies bei einem Menschen, der weitestgehend nur bei sich bleibt[41], also zu wenig oder gar nicht in seinem entsprechenden Kulturkreis/ Lebensumfeld eingebunden, mit anderen durch Austausch, Interaktion verbunden ist, eintreten kann und dadurch bei ihm die Gefahr mangelnder Erfahrung besteht, was wiederum aufgrund von fehlendem Wissen verkürzte Perspektiven auf sich selbst und die Welt mit sich bringt, sowie das Nichtsehen bestimmter Aspekte befördert. Fehlende Aspekte erhöhen das Risiko von Fehlentscheidungen seitens eines Menschen. Somit riskiert er, nur vermeintlich, also im Grunde nicht von ihm gewollte Absichten umzusetzen und damit anzuerkennen. Wäre jener Mensch nicht nur bei sich geblieben, hätte er dies eventuell erkannt und seine Absicht

---

[40]Ebd., S. 416.
[41]Vgl. Pirmin Stekeler-Weithofer, Philosophie des Selbstbewusstseins, S. 183.

seinem wahren Willen gemäß geändert. Er hätte sich sozusagen nicht unabsichtlich, wegen Nichtwissens darum, um die Verwirklichung seines wirklichen Willens betrogen. Menschen, die lediglich auf sich bezogen sind, führen in der eben beschriebenen Weise Hegel zufolge und gemäß Stekeler-Weithofers Lesart diesbezüglich „*[...] eine Beziehung des Fürsichseins [...]*" [42]. Je mehr sie dies tun, umso höher scheint die Wahrscheinlichkeit des Selbstbetrugs zu sein, aufgrund des Nichtsehens, -reflektierens dessen, was es eigentlich zu sehen und reflektieren gilt, um erkennen zu können, was wirklich gewollt und realisiert werden soll.

---

[42]Pirmin Stekeler-Weithofer, Philosophie des Selbstbewusstseins, S. 183.

3. Intersubjektive Anerkennung

3.1 Definition des Begriffs der intersubjektiven Anerkennung

Eingangs sei darauf hingewiesen, dass der Begriff des Anerkennens dergestalt gebraucht wird, wie er in den Ausführungen zur intrasubjektiven Anerkennung verwendet wurde, nur mit dem Unterschied, dass dieser hier auf intersubjektive Anerkennungsverhältnisse angewendet wird. Intersubjektive bzw. wechselseitige Anerkennung kann unter verschiedenen Aspekten betrachtet werden. Der Begriff wechselseitiger Anerkennung umfasst somit als Gattung mehrere Unterarten.[43] Welche Betrachtungsweisen das im Einzelnen sind wird in den folgenden Abschnitten näher untersucht.

Intersubjektive Anerkennung kann auf mehrere Menschen, beispielsweise auf eine Gesellschaft, gerichtet sein. Innerhalb einer Gesellschaft gibt es in der Regel für das Funktionieren des Zusammenlebens einen allgemeinen, über längere Zeit hinweg entstandenen Konsens hinsichtlich gewisser Ansichten, Maximen als Anleitung zum Handeln, welche als anerkannt gelten sollen, die also jedes Mitglied einer Gesellschaft anerkennen und, gemäß Honneth, danach verbindlich handeln soll. Die Anerkennung und Einhaltung jener Maximen kann sozusagen im optimalen Fall von den Mitgliedern einer Gesellschaft wechselseitig erwartet werden.[44]

Der Geltungsanspruch jener Maximen beruht auf moralischen Gründen, woraus folgt, dass alle Maximen nachvollziehbar und begründbar sein sollen.[45] Denn es macht gemäß Honneth keinen Sinn, Maximen ohne dazugehöriger Begründung anzuerkennen und umzusetzen, weil der Einzelne sonst nicht einsieht, warum er nach bestimmten Maximen seine Absichten zu planen und zu realisieren hat. Und es läge die berechtigte Frage nahe, weshalb die betreffenden Maximen von jedem Gesellschaftsmitglied anzuerkennen und handelnd umzusetzen sind.

---

[43]Vgl. Axel Honneth, Kampf um Anerkennung, S. 319.
[44]Ebd., S. 313, 319.
[45]Vgl. Axel Honneth, Kampf um Anerkennung, S. 313, 322.

Honneth führt weiterhin aus, dass diese vom Mitglied einer Gesellschaft anzuerkennenden Maximen Anerkennungsmuster darstellen, weil sich der Einzelne, als Teil einer Gesellschaft, immer beim Verwirklichen seiner Absichten an die entsprechend dazu passenden Maximen halten soll. Die anzuerkennenden Handlungsmaximen sollen dem Einzelnen wesentlich werden, seinem Habitus entsprechen.[46]

Solch ein Verhalten fördert wiederum bei den Mitgliedern einer Gesellschaft deren Ausbildung, Erwerb eines Verständnisses, Bewusstseins von Rechten und Pflichten. Sie lernen, warum und auf welche Weise bzw. wie Rechte und Pflichten als Handlungsmaximen anzuerkennen sowie anzuwenden sind. Dabei ist wichtig, dass sich die Gesellschaftsmitglieder wechselseitig als Träger von gerechtfertigten Rechten und Pflichten, demnach als Person anerkennen.[47] Honneth beruft sich hierbei auf Hegel sowie George Herbert Mead und erachtet dies als Voraussetzung für eine Teilhabe an einer sozialen Gemeinschaft.[48]

Neben der rechtlichen gegenseitigen Anerkennung mehrerer Personen gibt es außerdem die wechselseitige Anerkennung innerhalb menschlicher Beziehungen zwischen wenigen Personen, wie beispielsweise in einer Liebesbeziehung, zwischen Eltern und ihren Kindern, in einer Freundschaft. Wechselseitige Anerkennung findet nach Honneth statt, indem die in Beziehung zueinander stehenden Menschen sich gegenseitig als einander liebend oder sehr mögend betrachten, anerkennen, weil sie sich während eines längeren gemeinsamen Zeitraumes miteinander sowie durch entsprechende immer wieder aktualisierte bzw. wiederholte Äußerungen und Handlungen als solche erfahren haben.[49] Aufgrund dessen, dass sich Menschen als emotional miteinander verbunden erleben, könnte der Eindruck entstehen, diese seien nicht mehr unabhängig voneinander. Honneth betont deshalb, wie wichtig es ist, sich in zwischenmenschlichen Beziehungen, sei es Freundschaft, eine Liebesbeziehung oder familiäre Verbundenheit, gleichzeitig der gegenseitigen Liebe bzw.

---

[46]Ebd., S. 313.
[47]Ebd., S. 174.
[48]Ebd., S. 310, 329.
[49]Vgl. Axel Honneth, Kampf um Anerkennung, S. 153, 319.

emotionalen Verbindung zu versichern, sich aber dennoch als voneinander unabhängige/ selbstständige Subjekte zu verstehen.[50]

Als nächstes gilt es nachzuvollziehen, was Honneth unter Wertschätzung, als einer weiteren Unterart wechselseitiger Anerkennung, versteht. Gegenseitige Wertschätzung gestaltet sich seiner Ansicht nach bei Menschen in Form von wechselseitigem wertschätzen aufgrund bestimmter Charaktereigenschaften, welche die jeweiligen Menschen voneinander unterscheidet und wodurch sie für andere Menschen als wertvoll gelten.[51] Hiermit bringt Honneth die Einzigartigkeit von jedem Menschen zum Ausdruck, weswegen der Einzelne von anderen Menschen wertgeschätzt wird. Der Einzelne wertschätzt wiederum bestimmte andere Menschen aufgrund deren, für ihn als wertvoll geltenden Einzigartigkeit bestimmter Charaktereigenschaften. Doch wonach richtet sich, welche charakterlichen Eigenschaften für den Einzelnen als einzigartig gelten? Diese Frage lässt sich angelehnt an Honneth mit dem Verweis auf die in dieser Arbeit getroffenen Aussagen über kulturell bedingte Prägung/ Sozialisierung von Menschen beantworten[52], welche für die Ansichten eines Menschen maßgeblich ist, somit ebenfalls für dessen Verständnis bezüglich einzigartiger Charaktereigenschaften. Hinsichtlich der Beschaffenheit der Ansichten eines Menschen geht es wiederum um die Entstehung des Selbstbewusstseins. Darum geht es nun im Kontext intersubjektiver Anerkennung im nächsten Kapitel.

3.2 Bedeutung für die Entstehung von Selbstbewusstsein

Für die Entstehung des Selbstbewusstseins eines Menschen sind wechselseitige Anerkennungsverhältnisse insofern von Bedeutung, dass das Selbstbewusstsein in seiner Ausgestaltung, wie schon mit Hegel und Stekeler-Weithofer beschrieben wurde, durch äußere Umstände geprägt wird. Zu den äußeren Umständen zählen neben dem Lebensumfeld des jeweiligen Menschen, den in seinem Kulturkreis

---

[50]Ebd., S. 173.
[51]Ebd., S. 183, 197, 323.
[52]Ebd., S. 198.

etablierten Verhaltensmaximen, sowie den in seinem Land geltenden Gesetzen usw., ebenfalls seine Mitmenschen. Der Einzelne und seine Mitmenschen beziehen sich aufeinander. Daher findet zwischen beiden Parteien eine wechselseitige Beeinflussung von deren Selbstbewusstsein statt. Und je nach dem, was Menschen von ihrem jeweiligen Mitmenschen bzw. von seinen Äußerungen sowie Taten, Fähigkeiten wahrnehmen und davon anerkennen oder welche Eigenschaften, Fähigkeiten sie fördernd, im Sinne von Potenzialförderung, beim Einzelnen erzeugen und auf welche Weise sich Menschen zueinander verhalten, daran orientiert lernt der Einzelne sich selbst und andere zu verstehen.[53] Wenn ein Mensch dies begreift, wie Honneth weiter ausführt, also dass jeder Mensch Teil einer Gesellschaft ist, von welcher er beeinflusst wird und umgekehrt die anderen von ihm, dann entwickelt er Selbstbewusstsein. Ohne jene wechselseitige Beeinflussung wäre die Entstehung von Selbstbewusstsein auch gar nicht denkbar, weil Menschen zwecks Bewältigung ihres Lebens zwangsläufig in irgendeiner Form mit anderen Menschen mehr oder weniger Umgang haben. Ganz deutlich zeigt sich dies, wenn Menschen noch ganz jung und von ihren Eltern abhängig sind. Eltern tragen hauptsächlich zur Prägung, Entstehung des Selbstbewusstseins ihres Kindes bei. Damit, sowie unter Bezugnahme auf vorherige Ausführungen zum Selbstbewusstsein, sollte deutlich geworden sein, weshalb Honneth wechselseitige Anerkennungsverhältnisse als Voraussetzung für die Ausbildung bzw. Entstehung von Selbstbewusstsein erachtet.[54]

3.3 Beeinflussung durch gesellschaftlichen Wertewandel

Ausgehend vom vorherigen Kapitel wird angenommen, dass sich die Beschaffenheit des Selbstbewusstseins eines Menschen und damit dessen Denken, Absichten und Handeln möglicherweise ein Stück weit verändert, sobald sich die von seiner Gesellschaft vertretenen Werte ändern. Diese Vermutung bestätigt Honneth. Er sieht darin sogar die Gefahr eines Relativismus, der Relativierung von

---

[53]Vgl. Axel Honneth, Kampf um Anerkennung, S. 326.
[54]Vgl. Axel Honneth, Kampf um Anerkennung, S. 148, 308.

in einer Gesellschaft allgemein gültiger Werte, begründet.[55] Mit Relativierung ist in diesem Fall das in Frage stellen von allgemein anerkannten Werten gemeint. Diese würden insofern in Frage gestellt, dass der Einzelne davon ausgeht, dass doch auch andere Werte anstatt der bereits etablierten gelten können. In diesem kleinen Rahmen scheint es noch recht einfach zu sein, einfach nach anderen, als nach den bereits etablierten sein Leben zu gestalten. Ein Kampf um Anerkennung gemäß der hegelschen Allegorie wäre jedoch zwischen den Vertretern unterschiedlicher Wertvorstellungen sicher von größerer Tragweite, als wenn der Einzelne bloß mit sich selbst ausmachen muss, welche Werte er als geltend anerkennen möchte.

Dieses Beispiel lässt sich ebenso in größeren Dimensionen denken und auf Gesetze dahingehend beziehen, dass bestimmte in einem Staat geltende Gesetze von einem Teil der Bevölkerung in Frage gestellt und folglich nicht mehr anerkannt werden. Dann wäre die Bildung einer gegen die entsprechenden Gesetze demonstrierenden sozialen Bewegung durchaus denkbar und in der heutigen Zeit recht wahrscheinlich. Gründe hierfür könnten Gesetze sein, welche der Verwirklichung bestimmter Absichten entgegenstehen. Im Falle des Eintretens einer sozialen Bewegung für die Ermöglichung der Realisierung ihrer Interessen und somit gegen Gesetze, welche dies verhindern, würde dies Honneths Schilderungen zufolge wie beim vorigen Beispiel ebenfalls einem Kampf um Anerkennung entsprechen, aber in diesem Fall in einem wesentlich größeren Umfang, nämlich zwischen einer sozialen Bewegung und deren zugehöriger Regierung.[56] Wer hierbei letztlich seine Interessen durchsetzen kann, hängt nach Honneth unter anderem vom Ausmaß der Beteiligung der Bevölkerung an diesem Konflikt ab und logischerweise von finanziellen Einflussmöglichkeiten.[57]

---

[55]Ebd., S. 323, 324.
[56]Vgl. Axel Honneth, Kampf um Anerkennung, S. 206.
[57]Ebd., S. 205, 206.

4. Zweck von Anerkennungsverhältnissen

Bezüglich des Zwecks von Anerkennungsverhältnissen stimmen sowohl Hegel, Stekeler-Weithofer, als auch Honneth in deren Werken überein. Denn alle benannten Philosophen bezeichnen eine autonome bzw. freie Lebensweise des Einzelnen als Zweck von Anerkennungsverhältnissen. Stekeler-Weithofer argumentiert mit Bezug auf Hegel, dass ein Mensch nur im Zusammenleben mit anderen Menschen, also in einer Gesellschaft wirklich frei leben kann. Und zwar in einer Gesellschaft, in welcher dem Einzelnen Bildung vermittelt wird und der als Teil einer Gesellschaft Rechte und Pflichten hat, welche den Zweck des Erhalts der Freiheit des Einzelnen zum Inhalt haben. Erst dadurch eröffnet sich diesem die Möglichkeit von Weiterentwicklung und eine Vorstellung von Freiheit zu entwickeln, zu lernen, sich selbst als freie Person zu verstehen.[58]

Honneth schließt sich dem an und weist aber noch auf eine wichtige Voraussetzung hin, und zwar, dass ein Mensch erst die Erfahrung gemacht haben muss, als freier Mensch zu gelten bzw. als solcher anerkannt zu sein, indem seine Mitmenschen ihn als freie Person ansehen bzw. anerkennen. Nur dadurch wird er dazu imstande sein, sich auch selbst als freie Person mit Rechten und Pflichten wahrzunehmen, dementsprechend einen freien Willen zu entwickeln und sich diesem gemäß verwirklichen können. Honneth geht hierbei davon aus, dass jeder Mensch eigene Wünsche und Absichten frei wählen sowie realisieren will,[59] was nur allzu verständlich ist, weil dessen Entfaltung nach eigenen Vorstellungen und damit die Ausbildung von allgemeinem Selbstbewusstsein sonst nicht realisierbar wäre.

---

[58]Vgl. Pirmin Stekeler-Weithofer, Philosophie des Selbstbewusstseins, S. 183, 184, 419.
[59]Vgl. Axel Honneth, Kampf um Anerkennung, S. 325, 326, 335-339.

Zusammenfassung/ abschließende Betrachtungen

In dieser Projektarbeit ist es hoffentlich gelungen, sowohl die Bedeutung von Selbstbewusstsein und intra- sowie intersubjektiver Anerkennung, als auch deren Zusammenhang darzustellen. Mir kam es insbesondere auf den Begriff des Selbstbewusstseins an, weil dieses ein zentrales Element von intrasubjektiven und intersubjektiven Anerkennungsverhältnissen darstellt. Beim Selbstbewusstsein eines Menschen, in Bezug auf intrapersonale Anerkennung, geht es nach Hegel und Stekeler-Weithofer wesentlich um einen inneren Konflikt des Einzelnen, der zum Inhalt hat, welche Absichten nun letztlich realisiert werden sollen. Dabei ist der Einzelne darauf angewiesen, sich vorher genug Bildung und somit ausreichend Orientierung zu verschaffen, damit dieser dazu imstande ist, überhaupt vernünftige Entscheidungen für seine weitere Entwicklung, Lebensführung zu treffen. Dass er dabei auch Fehlentscheidungen treffen kann, bleibt nun mal nicht aus. Das gehört zum Lern- und Orientierungsprozess dazu. Denn es kann vorkommen, dass ein Mensch sich aufgrund von Leidenschaften körperlicher Art, wie beispielsweise dem Bedürfnis nach Bequemlichkeit, sich dieser Leidenschaft allzu sehr hingibt. Das wiederum wäre unvernünftig, weil der Körper, um gesund zu bleiben sportlicher Ertüchtigung bedarf. Oder aber der Einzelne neigt dazu, allzu oft nur davon zu sprechen, diese oder jene Absichten verwirklichen zu wollen, ohne sie tatsächlich umzusetzen und belässt es stattdessen bei leeren Worten.

Daher erscheint es umso sinnvoller, dass ein Mensch nicht nur mit sich selbst im Streit darüber bleibt, welche seiner Absichten von ihm realisiert werden sollen, sondern diesen Streit nach Honneth im intersubjektiven Kontext, also in der Auseinandersetzung mit seinen Mitmenschen austrägt. In diesem Streit wird sich herausstellen, welche Absichten zumindest vom Großteil der Bevölkerung eines Staates als anerkannt gelten.

Im Selbstbewusstsein eines Menschen vereinigen sich letztlich die Auswirkungen eigener getroffener Entscheidungen und diejenigen der in einer Gruppe von Menschen im Konflikt ausgehandelten Absichten, welche Allgemeingültigkeit haben sollen. Das Selbstbewusstsein eines Menschen erhält dadurch seine Form bzw. der Mensch wird auf diese Weise geprägt, sodass behauptet und als Teilergebnis dieser Projektarbeit festgehalten werden kann, dass ohne jene beschriebenen Anerkennungsverhältnisse, intra- sowie intersubjektive, keine Entwicklung von Selbstbewusstsein stattfindet, weder ohne Bildung, noch bei mangelnder Beeinflussung durch andere Menschen, beispielsweise in einer Gesellschaft.

Das eingebunden sein in einer Gesellschaft hat außerdem den Vorteil, dass der Einzelne dadurch von den dort geltenden Gesetzen profitiert. Wie im entsprechenden Kapitel darüber dargestellt wurde, sind diese Gesetze eine notwendige Voraussetzung für die Freiheit eines Menschen. Diese ihm gesetzlich zuerkannte Freiheit muss der Einzelne aber erst noch durch Erwerb von Orientierung mittels Bildung begreifen und zudem noch von seinen Mitmenschen anerkannt, als allgemein gültig sein sollend betrachtet werden. Sich als frei zu verstehen, wird demnach nur in den benannten Anerkennungsverhältnissen ermöglicht. Dies zu zeigen war auch ein wesentliches Ziel dieser Arbeit. In dieser Arbeit wurde außerdem stets auf ein weitestgehend vernünftiges Maß an abstrakten und konkreten Beschreibungen geachtet.

Literaturverzeichnis

G.W.F. Hegel: Phänomenologie des Geistes, I. Auflage, Frankfurt/Main: suhrkamp taschenbuch wisschenschaft, 1986

G. W. F. Hegel: Enzyklopädie der philosophischen Wissenschaften III, I. Auflage, Frankfurt/Main: suhrkamp taschenbuch wissenschaft, 1986

Axel Honneth: Kampf um Anerkennung. Zur moralischen Grammatik sozialer Konflikte, VII. Auflage, Frankfurt/ Main: suhrkamp taschenbuch wissenschaft, 2012

Pirmin Stekeler-Weithofer: Philosophie des Selbstbewußtseins. Hegels System als Formanalyse von Wissen und Autonomie, I. Auflage, Frankfurt/Main: suhrkamp taschenbuch wissenschaft, 2005

Charles Taylor: Hegel, VII. Auflage, Frankfurt/ Main: suhrkamp taschenbuch wissenschaft, 2014